? Leben !

# Anne Abraham

# ? LEBEN !

## Gedichte

Bibliografische Information der Deutschen Nationalbibliothek:
Die Deutsche Nationalbibliothek verzeichnet diese Publikation in der
Deutschen Nationalbibliografie; detaillierte bibliografische Daten sind im
Internet über < http://dnb.d-nb.de > abrufbar.

© 2008 Anne Abraham
Titelfoto: Anne Abraham
Satz, Umschlaggestaltung, Herstellung und Verlag:
Books on Demand GmbH, Norderstedt
ISBN: 978-3-8334-5511-7

# Inhalt

# Abschied

Ich bin schon wieder neben der Spur
Wie kann es sein – wie schaffst du es nur?

Erzählst mir von Dingen aus deinem Leben
Die du wohl auch nicht willst beheben
Siehst alles durch die rosarote Brille
Und willst nicht beachten die gesprungene Rille

Es sei doch normal, dass nicht alles so ist
Auch wenn man sich wünscht ein Leben ohne List
Es wird sich schon ändern, ich steh es durch
Kann doch jetzt keine Schwäche zeigen oder Furcht
Wenn das passiert und vielleicht auch das noch
Dann hab ich die Chance heraus zu kommen aus dem Loch

Ich sitze dabei und höre dir zu
Hab das Gefühl, komm nie mehr zur Ruh
Beginne, meine Liebe zu dir zu verdammen
Mein ganzes Herz zieht sich zusammen

Was spiegel ich dir, warum tust du mir weh?
Ich will dich doch einfach nur lieben
Warum verläuft mit uns immer wieder alles so zäh?
Warum fühl ich mich wie nach Seitenhieben?

Du sagst, ich will dich nicht verletzen
Doch ich glaube dir alles nicht mehr
Hab mich verfangen in deinen Netzen
Und mein Herz wird wie ein Brocken so schwer

Die Entscheidung steht, ich werde gehen
Ich lasse dich in Ruh
Dreh mich nicht mehr um und bleib auch nicht stehen
Schließe die Türe hinter mir zu

## Alter männlich

Er steht vorm Spiegel und sieht sich an
Und kann es gar nicht fassen
Die Haare werden grau, der Bauch schwillt an
Und auch Geheimratsecken muss er sich gefallen lassen

Doch diese Zweifel dauern nur 5 Sekunden
Dann strahlt er sich wieder selbst an
Na und, sagt er sich, ein paar Haare sind verschwunden
Werde beweisen, dass ich alles noch kann

Die Gedanken kreisen und bleiben hängen
Bei Plänen fürs weitere Leben
Er will den Wunsch in sich nicht verdrängen
Noch einmal im 7. Himmel zu schweben

Er ist noch fit, er kann noch lange
Die kleine 20jährige gefällt ihm gut
Auch wenn die Frauen nicht bei ihm stehen Schlange
Fürs Anbaggern hat er immer noch den Mut

Auch ein Kind kann er sich vorstellen, das hielte ihn jung
Er sieht doch jünger aus als 50 Jahre
Und so bleibt er sicher noch lange in Schwung
Und kommt nicht so schnell auf die Bahre

Und die 20jährige findet es supertoll
So einen vermögenden schmeichelnden Alten
Er zeigt ihr die Welt, die sie bisher nicht kannte
Und sie übersieht eine Zeitlang seine Falten

Doch leider wird sie älter
Kommt zum Höhepunkt ihrer Lust
Will öfter, als er es kann
So entsteht bei ihr ein Liebesfrust
Bis sie dann geht irgendwann

# Alter weiblich

Sie steht vorm Spiegel, sie sieht sich an
Und kann es gar nicht glauben
Die ersten grauen Haare sind dabei
Sich aus ihrer Kopfhaut zu schrauben
Oh, Gott, was soll das denn – ich kann es nicht fassen
Muss mir so schnell wie möglich meine Haare färben lassen

Die Gedanken schlagen Purzelbäume und beginnen zu kreisen
Und versuchen, sie auf ihr Alter hinzuweisen

Du bist jetzt 50, da ist es normal
Denkt sich die Gleichgültigkeit ihres Verstandes
Du bist schon 50, jetzt bist du alt
Meldet sich die kritischste Stimme des Landes
Du bist erst 50, kannst tun, was d u willst
Ruft die Jugend ihrer Seele nicht laut eher still

Doch es ist laut genug für sie zu hören
Dass sie sich nicht von Einwänden lässt stören
Sie färbt sich nicht die Haare, grau steht ihr gut
Das weiß sie genau, und so hat sie den Mut
Sich als pro-age-Model zu bewerben
Denn noch gibt es lange nichts von ihr zu erben

# Barfuss

Ich laufe los
Nichts hält mich hier im Haus
Die Füße tragen mich zum Bach
Sie wollen aus den Schuhen raus
Sich kühlen in der nassen Pracht

Der Frühling lässt die Knospen sprießen
Die Wiesen sind knallgrün
So ist es leicht, das Leben zu genießen
Und Leichtigkeit zu versprühen

Ich laufe barfuss immer weiter
Die Schuhe in den Händen
Die Sonne wärmt mich und macht heiter
Nie soll dieser Ausflug enden

Dort hinten gabelt sich der Weg
Wie soll ich mich entscheiden?
Der linke endet an einem Steg
Der rechte an blühenden Weiden

Doch hinter den Weiden dort steht ein Haus
Ich hab es noch nie gesehen
War ich blind und hab nur geblickt geradeaus
Oder ist es gerade geschehen?

Ich bin neugierig und laufe so schnell ich kann
Um das Wunder mir anzusehen
Vor dem Eingang erblicke ich einen Mann
Der mich erwartet und lass es geschehen

Er breitet aus seine Arme ganz weit
Und ich erkenne auch seine Flügel
Mit einem strahlenden Lächeln grinst er breit
Als ich stoppe und mich zügel

Darf ich wirklich in seinen Armen versinken?
Darf ich wirklich tun, was ich so wünsche?
Er macht mir Mut, komm her, mein Kind
Glaubst du wirklich, dass ich dich lynche?

Meine Seele jubelt, mein Herz zerspringt
Ich fühle mich leicht wie eine Feder
Jetzt bin ich von einer Engelschar umringt
Sie bilden ein Oktaeder

Ich darf hier sein, ich bin es wert
Sie wollen alle mit mir singen
Hab ich mich jemals schon beschwert
Dass nichts bringt mein Herz zum Klingen?

# Café

Sie sitzt im Café
Und schaut aus dem Fenster
Sie fühlt sich so allein
Glaubt zu sehen nur Gespenster
Das kann es doch nicht sein

Sie sieht nur Paare, sieht nur Gruppen
Doch sie will nicht gleich wieder gehen
Da fällt es ihr von den Augen wie Schuppen
Dass auch die Paare einander nicht sehen

Die Paare rauchen, die Paare essen
Die Paare reden nicht
Sie scheinen alles zu vergessen
Schweigend gebeugt über ihr Gericht

Sie beobachtet die Leute
Wie sie essen und trinken
Wie sie kommen und wieder gehen
Und spürt immer mehr die Zufriedenheit in sich
Immer mehr zu sich selbst zu stehen

Sie denkt an ein Lied, das sie seit Jahren begleitet
Das den Grundsatz ihres Denkens bestimmt
Das sie zu ihrem Ursprung geleitet
Und das mit den Worten beginnt:
Lieber allein als gemeinsam einsam
Lass uns leben im Augenblick
Denn wenn wir werden miteinander schweigsam
Geh ich lieber ins Alleinsein zurück

Will nicht mit dir schweigend meinen Kaffee trinken
Und der Kopf wandert hin und her
Will lieber in Deinen Worten versinken
Mich erfüllt fühlen mit Dir und nicht leer

So genießt sie den Kaffee, bestellt noch einen Wein
Fühlt sich immer wohler mit sich
Da setzt sich jemand zu ihr, sie lässt sich drauf ein
Ist doch nicht aufs Alleinsein erpicht

# Chance

Kann nicht schlafen
Hol mir etwas zu essen
Denk daran, als wir uns trafen
Kann ihn nicht vergessen

Am Tag erscheint das Bild von ihm
Er ist mir immer noch nah
In jedem Traum ist er bei mir
Als sei er wirklich da

Ich war nur auf der Durchreise
Wir hatten keine Zeit
Doch mein Herz zog sofort eine Schneise
Und ich war für ihn bereit

Doch ich hab meine Chance nicht genutzt
Als wir vor dem Fahrstuhl warteten
Sein »Hi, how are you doing?« hat mich so verdutzt
Dass alle meine Reaktionen erstarrten

War nicht mehr fähig ihn anzusehen
Als unsere Blicke sich immer wieder trafen
Und musste mir innerlich eingestehen
Dass ich dabei war, mich selbst zu bestrafen

Wir begegneten uns dann immer wieder
Es war wohl alles so geplant
Mein Herz sprang jedes Mal auf und nieder
Doch ich bin vor meinen Gefühlen davongerannt

Alte Ängste kamen hoch – der Mann ist viel zu toll
Er meint nicht wirklich mich
Weiß gar nicht, was das alles soll
Ich ging hart mit mir ins Gericht

Jetzt male ich mir aus, wie es wäre wenn
Und komme damit nicht weiter
Kann nur lernen aus der Situation, denn
Dann werde ich befreiter

Beim nächsten Mann wird alles anders
Das hab ich mir versprochen
Ich weiß genau, ich kann auch das
Und mein Herz wird nicht gebrochen

# Dämonen

Die Dämonen sind in dir, sie machen sich breit
Sie wollen dich fressen – jetzt ist es so weit!

Glaubst du dir oder ihnen?
Wem wirst du dienen?
Folgst du deiner Seele oder der Meinung der Andern?
Lässt du dein Herz sprechen oder es nach außen wandern?

Hast Angst, mit dir allein zu sein
Deine Dämonen könnten kommen und dich machen klein
Aber du liebst sie auch – die Dämonen in dir
Sie erschaffen Dramen, die du glaubst zu brauchen hier

Werde zu Luzifer, den Satan oder was auch immer
Deine Angst vor deinen Dämonen wird dadurch nur schlimmer
Es geht hier um Macht, um Sieg und um Tod
Damit du nicht siehst dein inneres Kleinod

Lass sie laufen, die Dämonen, gib ihnen einen Tritt in den Hintern
Lache über sie und schick sie nackt raus in den kalten Winter
Du brauchst sie nicht mehr, kannst dein Leben ohne sie genießen
Deine Seele und auch dein Verstand werden sie nicht vermissen

Denn es gibt sie nicht – die Dämonen, du hast sie selbst erschaffen
Deshalb kannst auch nur du sie für immer entlassen

Gib sie frei, die Dämonen!
Du brauchst sie nicht mehr
Oder glaubst du, ohne sie ist dein Leben leer?

# Drink

I m sitting on Newbury
It is so great
It was such a long time
I had to wait

Now the sun is shining in the sky and within me
And I would like to drink a Long Island Ice Tea
But I just had a beer, I think it's too much
After that I'm no more able to buy the clutch

For I've got an invitation to the Symphony Hall
From a cute man sitting next to me yesterday at the mall

Oh, I don't care – I'll order the drink
No matter the people around me would think
I feel so good, so content, so glad
And I know I will fall drunk in my bed

# Engel

Spürst du, wie die Engel dich umschwirren?
Sie sind bei dir – ja, genau – jetzt und immer
Lass dich nicht durch dein Umfeld verwirren
Denn sie hat davon überhaupt keinen Schimmer

Aber du, du weißt es ganz tief drinnen
Doch hast es aus Angst nicht zugelassen
Dich darauf wie in Kindertagen zu besinnen
Dass die Engel dich niemals hassen

Ganz gleich, was du tust in deinem Leben
Du darfst alles machen oder auch lassen
Sie wollen dir so gern deine Macht wieder geben
Und auch dein Vertrauen, nichts zu verpassen

Sie sind stolz auf dich und öffnen dein Herz
Damit du dich lieben lernst so wie du bist
Warte nicht mehr bis zu nächsten März
Bis du deine eigene Friedensflagge hisst

Du weißt es jetzt – das ist die Wende
Du spürst das Paradies ganz nah
Du spürst, das Leiden hat ein Ende
Sieh genau hin – das Paradies ist doch schon da!

# Entfernung

Ich entferne mich von dir
Ich spür es immer mehr
Hab keine Lust, deine Nummer zu suchen
Um dich einmal anzurufen

Ich entferne mich von dir
Bin fast nicht mehr hier
Hab keine Lust, auf deine Mail zu antworten
Bin schon längst an anderen Orten

Ich entferne mich von dir
Und jetzt kommst du näher zu mir
Hab keine Lust, weiter dieses Spiel zu spielen
Sich zu verstecken hinter unseren tiefen Gefühlen

Ich entferne mich von dir
Komme um vor Freude schier
Dass ich Lust hab, etwas Neues zu beginnen
Und wieder fähig bin, mich auf mich selbst zu besinnen

Bin ganz nah bei mir
Spür in mir diese Gier
Hab Lust, das Leben zu genießen
Und mein ganzes Liebespulver zu verschießen

Bin weit weg dir
Bleib du ruhig hier
Lass weiter deine Chancen verstreichen
– ich lasse mich nicht mehr erweichen …

# Entschluss

Sie plant ihr Leben, legt alles genau fest
Und will auch nicht verlassen ihr scheinbar sicheres Nest
Doch das Leben zeigt ihr einen anderen Weg
Den sie im Moment noch empfindet als schaukelnden Steg
Sie hat Angst vor dem Wasser, Angst vorm Fliegen
Und weiß genau, so wird sie niemals siegen

Sie bleibt zu Hause, geht nicht vor die Tür
Kennt nur noch die Pflicht, nicht mehr die Kür
Denkt daran, was die Leute sagen
Und schon bei dem einen Gedanken, beginnt sie zu verzagen

Der Fernseher läuft den ganzen Tag ohne Pause
Das lenkt sie ab von ihrem Ohrengesause
Von dem Herzklopfen, der Neurodermitis und der Migräne
Und ihren Gedanken, was wäre, wenn ich es erwähne

Doch plötzlich wird sie gefesselt von einem Bericht
Der genau über ihre Themen spricht
Sie starrt wie gebannt nur noch auf den Monitor
Und spürt, sie hat jetzt etwas Neues vor
Sie packt ein paar Sachen, die nur ihr gehören
Denn noch hat sie Angst, es könnte die Anderen empören

Dann verlässt sie das Haus – sie ahnt, es ist für immer
Doch jetzt weiß sie, es kann nicht werden schlimmer
Jetzt hat sie den Mut, etwas Neues zu beginnen
Und fängt schon auf der Straße an zu singen
Die Leute gucken, die Leute gaffen

Na und, sagt sie sich – dann mach ich mich eben zum Affen
Ich tue jetzt nur noch, was mir gefällt
Auch wenn alle Welt sich gegen mich stellt

# Entzücken

Die Sonne küsst meine weichen Lippen
Sie werden purpurrot vor lauter Entzücken

Ich öffne die Schenkel noch etwas weiter
Fühle die Lust in mir, werde immer bereiter
Leider bist du nicht hier, kannst nicht erfüllen mein Beben
Doch ich will es zumindest mit mir selbst erleben

Ich hole mir Paulchen, meinen pinkfarbenen Freund
Der keinen meiner plötzlichen Lustanfälle versäumt
Er tut immer seine Dienste, vibriert hin und auch her
So ist das Kommen mit ihm auch nicht schwer

Am liebsten aber mag ich es mit euch beiden
Obwohl – manchmal kannst du ihn nicht leiden
Er ist Konkurrent, kann mehr als dein Kleiner
Doch dafür hast du Hände, die mich berühren viel feiner
Hast weiche Lippen, die mich überall küssen
Muss bei der Liebe mit dir nichts vermissen

# Erkenntnis

Schreiben befreit, das ist mir klar
Vielleicht werden so meine Träume schneller wahr

Ich habe gefunden, was ich ein Leben lang suchte
Ich wusste es schon, als ich den Flug hierher buchte

Mein Lieblingsplatz ist der Stein am Meer
Immer wieder zieht es mich zurück hierher

Meine Gedanken kreisen, mein Verstand spielt verrückt
Sie können nicht verstehen, was mich hier so entzückt
Meine Seele weiß es, sie braucht keine Gründe
Auch wenn überall Wasser in Flammen stünde

Ich sehe mich um, lerne jeden Tag mehr
Und beginne zu verstehen, was mich fasziniert so sehr

Ein Amerikaner ohne Handy – das kann es nicht geben
Sie müssen immer und überall reden
Sie kümmern sich um alles und dann wieder um nichts
Das ist es, was für Europäer die Regeln bricht

Und genau das ist es – dieses Leichte und auch Extreme
Wonach ich mich in Deutschland immer so sehr sehne

Als Frau allein einfach so an der Bar
Natürlich nehmen dich alle wahr
Doch nie entsteht das Gefühl von Druck
Wenn der Typ nebenan vielleicht lobt deinen Schmuck

Ganz unbefangen reden mit Männern und Frauen
Alles ist hier möglich, man muss sich nur trauen

In Amerika stehen alle Türen offen
Wenn man selbst etwas tut anstatt nur zu hoffen
Deshalb liebe ich es hier, will nie mehr zurück
Habe erst hier erkannt, was für mich bedeutet Glück

Es hat sich gelohnt, dieses lange Warten
Jetzt bin ich bereit, noch einmal durch zu starten

Kann jedem nur raten zu tun, was er liebt
Auch wenn es überall Neider gibt

# Freiheit

Nur einen Teil meiner Tage mit dir verbringen
Dich lassen so wie du bist
Meine Freiheit soll mir nicht entrinnen
Nur weil ein Teil von dir bei mir ist

Will dich auch nicht besitzen
Du kannst machen, was du willst
Es wird die Gemüter erhitzen
Falls du deinen Hunger woanders stillst

Wir haben uns sowieso im Ganzen
Unsere Herzen sind ein einziges Teil
Wir müssen uns nicht mehr verschanzen
Sind auf dem Weg zu unserem Seelenheil

Unsere Liebe ist unsere Freiheit
Unsere Liebe ist alles was ist
Unsere Liebe ist die winzige Kleinigkeit
Die das ganze Universum umschließt

# Freude

Sehn mich so nach dir
Kannst du es fühlen?
Bin weit weg von dir hier
Kann doch deine Liebe spüren

Mein Herz will zerspringen
So sehr freut es sich
Will über den Ozean schwimmen
Um zu sehen dein Gesicht

Ich bin hier zu Hause in Amerika
Doch du fehlst zu meinem Glück
Meine Gedanken sind für dich nur da
Deshalb komme ich zurück

# Gedanken

Die Gedanken schwirren, die Gedanken kreisen
Ich würde gern mit ihnen verreisen …

Ich kann nicht klar sehen und auch nicht denken
Und will doch keinen Gedanken verschenken
Der eine hüpft hierhin, der andere springt dort
Dann sind sie wieder alle am gleichen Ort

Sie erzählen lauter wirre Geschichten
Die nur sehr vage von etwas berichten
Ich denke an alle möglichen Dinge
Die ich nicht in einen Zusammenhang bringe

Wie hieß die Freundin meiner Mutter?
Welche Fische fängt der Kutter?
Wie hat sich verändert mein Elternhaus?
Wie finde ich die Adresse von X heraus?
Soll ich diesen Wein jetzt auch noch trinken?
Oder doch lieber im Schlaf versinken?
Wird es regnen morgen oder die Sonne scheinen?
Bekomme ich einen Parkplatz oder keinen?

Die Gedanken schwirren, die Gedanken kreisen
Sollen sie doch ohne mich verreisen!

# Geduld

Oh, Geduld du spielst wieder dein Spiel mit mir
Lässt das Un-Wort in den Vordergrund treten
Ich habe immer wieder Schwierigkeiten mit dir
Kann oft nur für mehr Geduld mit dir beten

Ich weiß, ich bin kurz davor mein Ziel zu erreichen
Muss nur noch vertrauen, dass es wirklich geschieht
Doch immer wieder schaffst du es, dir die Un-Geduld zu
                                         erschleichen
Obwohl mich meine Seele anders beriet

Du bist nicht beliebt bei den Menschen auf Erden
Alle sehen dich als Herausforderung an
Man kann erst wirklich mit dir fertig werden
Wenn der Erfolg kam nach einem schweren Gang

Dann besteht die Chance, deinen Sinn zu erkennen
Dann können wir lernen, geduldig zu sein
Weil wir wissen, wenn wir unsere Wünsche benennen
Die Zeit spielt in unsere Planung auch mit hinein

So nehm ich dich an – aber ich werde dich nicht lieben
Das ist auch nicht mein Ziel
Doch wenn ich lerne, nicht die Angst vorzuschieben
Wäre das ein guter Deal

# Geld

Das Geld verschwindet, das Geld entweicht
Es hat mich wieder nicht erreicht
Bin ich zu schnell, ist das Geld zu langsam?
War es überhaupt da, als ich hier ankam?
Warum ist Geld denn für alle Menschen so wichtig?
Glauben sie, wenn sie viel haben, alles ist richtig?

Geld ist Ersatz für so viele Werte
Als ob es Allen das Glück bescherte
Geld repräsentiert nicht die Schönheit dieser Welt
Um diese zu sehen, brauchen wir kein Geld
Es verstellt uns eher die Sicht auf die kleinen Dinge
Wenn ich meine Zeit mit Käufen verbringe

Das Geld verschwindet, das Geld entweicht
Es hatte mich nur für kurze Zeit erreicht
Ich brauchte das Auto, das Haus und die Klamotten
Um mich von den Geldlosen abzuschotten
Um den Reichen zu zeigen, ich gehör zu Euch
Bis ich merkte, dass ich mich durchs Leben scheuch

Das Geld bleibt bei mir, es mag mich jetzt
Mein eigener Platz im Leben ist nun besetzt
Denn Geld ist Energie und die will fließen
Und sich nicht mehr der Bewegung verschließen
Ich muss niemand mehr beweisen, wer, was oder wie ich bin
Denn nicht das Geld gibt meinem Leben den Sinn

Ich liebe das Geld und ich liebe das Leben!
Und für mich wird es immer genug von Beiden geben

# Glück

Das Glück liegt auf der Straße
Doch du bleibst nicht einmal stehen
Denn du bist in deiner Gasse
So gewohnt, nur das Leid zu sehen

Das Glück liegt auf der Straße
Stell es dir doch einmal vor
Es beängstigt dich in einem Maße
Dass du hast kein offenes Ohr

Das Glück liegt auf der Straße
Es ist zum Greifen nah
Du kannst herausragen aus der Masse
Und jetzt einfach sagen »Ja«

Das Glück liegt auf der Straße
Kannst immer wieder wählen
Lass ich es liegen oder heb ich es auf

Dein Glück liegt auf der Straße
Tritt nicht mit den Füßen drauf!

# Happiness

I've found myself just within me
It wasn't really hard this wonder to see
I heard my soul speaking loudly and calm
To leave my home for another realm
Sitting at the water, laughin'and singin'
My ears with the iPod don't hear the cell phone ringin'
So what? Doesn't matter. Oh, I don't care!
There are so much better things I have to share

I'm on my own, can do what ever I want
Watching the moon coming out on the horizon
The stars in heaven mirror in the sea
At this moment I am so happy and close to me
Going forward on my path from earth to heaven
Leaving behind all challenges from the last five years or seven

I came here to find myself back at home
I'm never lonesome but often alone
I 'm connected with all within me and around
Feel no more tradition or morally bound
Just enjoying myself, letting go the past
So I will be able to reach my goal truly fast.

# Hauptrolle

Willst du die Hauptrolle übernehmen?

Es sieht so aus!
Du bist dabei, das Drama zu verlassen
Willst nicht mehr das Opfer spielen
Ich bin stolz auf dich!
Der Ruhm wird dir gut stehen

… in der Komödie Leben

# Herzklopfen

Dumpfes Herzklopfen
Schwere in der Brust

Dumpfes Herzklopfen
Aber ich habe doch Lust
Dich heute Abend wieder zu sehen
Will auch versuchen, dich zu verstehen

Dumpfes Herzklopfen
Lange nichts von dir gehört

Dumpfes Herzklopfen
Was ist es, was Dich so verstört?
Ich möchte dir meine Gefühle zeigen
und hab wieder Angst vor Deinem Schweigen

Dumpfes Herzklopfen
Will soviel zu Dir sagen

Dumpfes Herzklopfen
Muss ich vorher fragen?
Spüre und weiß, ich kann auch hoffen
Dass heut ein Entscheidung wird getroffen

Dumpfes Herzklopfen
Will mich dem stellen

Dumpfes Herzklopfen
Mich nicht länger quälen
Werde nicht warten auf deine Worte
Bin doch umgeben von meiner Engels-Eskorte

Freudiges Herzklopfen
Ja, ich will dich sehen

Freudiges Herzklopfen
Ja, zu meinen Gefühlen stehen
Ganz gleich, ob von dir kommen Worte oder Schweigen
Ich werde dir durch Küsse meine Liebe zeigen

# Hidden

I ran into him on the street
He didn't see me
Am I invisible?
Only for him or for all?
I don't understand what's going on
The love of my life doesn't see me?
What's happening?

I don't like to see myself
How can anyone else see me?
I hide out myself
A huge wall is around me
No door, no window to open
Grey clouds in the sky
Dark thoughts within me
Heaven is right here, really?
I'd like to see heaven
But I don't feel able to
I am too disappointed
I'd like to cry »here I AM!«
But where is my self-confidence?

At that moment I felt him
Turning around
Running up to me
Hugging me
Tasting his lips
Laughin …

Hi, honey, I'm so happy to meet you right now!
I didn't see you the first moment
For I was so far away with my thoughts
Do you feel like exploring paradise with me?

# Hitze

Die Sonne scheint mir auf den Bauch
Mein Nabel fängt an zu kribbeln
Die Schenkel spüren die Hitze auch
Deine Hände streicheln meine Nippel

Mein Körper vibriert von der Hitze vor Lust
Will mich nicht zusammen reißen
Ich spüre deinen intimen Kuss
Und deine Zähne, die in meine Lippen beißen

Ich setz mich auf dich und spreize die Schenkel
Geb mich dir nur noch hin
Du weißt es und auch dein Schwengel
Und schon ist er in mir drin

Mein Paradies wird immer feuchter
Das Zittern hört nicht mehr auf
Gleich hängen wir unter dem Leuchter
Du hast es wirklich drauf

Du sollst mich überall lecken
Deine Zunge soll spielen mit mir
Meinen Körper mit Küssen bedecken
Dann kannst du kommen in mir

Wir stöhnen, wir schreien
Wir lachen auch dabei
Denn so können wir uns befreien
Vom täglichen Einerlei

# Honey

Honey comes along

Oh – Honey – what a beautiful day!
I miss you – Honey
Don't forget to buy some bread – Honey
Do you remember me – Honey?
I really do love you – Honey
Can we go home – Honey?
I'm so sorry – Honey – but it's over
If you could pass the salt, that would be awesome – Honey
Let's have a drink – Honey
It's so hilarious, isn't it – Honey?
Honey – do you like honey as well?

Honey, always Honey
Positively, negatively, politely, claiming,
It's so simple
To use
For all the lovers – always and everywhere
You don't need to remember any name
The likelihood to make a mistake decreases

Therefore everyone is using Honey
... And sometimes it's sweet

# Hope

People are crying, sobbing, screaming
Happy to be unhappy
They don't want to know
What it is like being satisfied

Envous – about not having as much as the neighbors
Jealous – my friend looks better than me
Mad – others don't do what I want them to
Sad – about missing an opportunity
Sick – headache, earache, toothache, bellyache, backache,
heartache

Happy people?
It's for sure – something goes wrong
Can't be, doesn't work,
Being happy? Must be boring!
Always happy? So boring!
Talking with others about being happy? … Short talk –
very short
Nobody is interested in listening to happy stories
Murder, suicide, abuse, faillure, unrequited love – wow!!

Hopefully it will change
Then I will be happy to share my happiness with them
And it's all about laughing, singing, dancing
– just being

# Jahrestag

2 2. März 10.00 Uhr
Wir kennen uns 6 Jahre
Aber wir feiern es nicht
Gibt es etwas zu feiern?

Du hast dich wieder zurückgezogen
Deine Mauer errichtet um dich herum
Ich habe das Gefühl, ich stehe davor und es gibt keine Öffnung
Ich spüre, dass es dir nicht gut geht,
Aber ich finde nicht den Mut, dich danach zu fragen

Zu groß ist die Angst, abgewiesen zu werden – wieder
Zu groß ist die Angst, dass du mir sagst »alles in Ordnung«
                                                    – wieder
Zu groß ist die Angst, Notlügen zu hören – wieder

Auch ich kann erst offen mit dir umgehen, wenn du es bist
Warum?
Was ist es, was noch offen ist zwischen uns?

OFFENHEIT

VERTRAUEN – in mich, in dich, in alles, was ist ….

# Jetzt

Wo bist du?
Wo finde ich dich?
Unsere Seelen haben sich doch schon gefunden
Sie weinen, sie wollen feiern
Worauf wartest du?
Gönne dir dieses Glück!
Wir beide haben es uns verdient
Du glaubst es nicht?

Was fühlst du?
Was wünschst du dir so sehr?
Lass es nur noch zu
Und wir lernen fliegen

Ich will mich fallen lassen in deinen Armen
Ich will beschützt werden von dir
Ich will – ja, ich will
Und ich weiß, ich darf, ich soll
Mir ein Leben mit dir wünschen
Es mit dir teilen
Nach den Jahren der Trennung
Ich will dich in meinem Leben
JETZT ist die Zeit dafür
Sie war es nicht bisher
Ich weiß, es hat sich gelohnt
Auf dich zu warten

Ich freu mich nur noch unbändig auf dich
– auf uns
Auf unsere gemeinsame Stärke

Ich freu mich darauf
Dir meine Liebe zu zeigen
In jeder Sekunde
Ohne Angst verletzt zu werden
Abgewiesen
Oder angegriffen

Ich spüre deine Liebe
Ich spüre deine Angst vor dieser Liebe
Ich spüre deinen Wunsch, diese Liebe zu leben
Ich spüre deine Kraft, es JETZT zu tun
Für dich – für uns
Und unsere Liebe
Mach nur noch diesen kleinen Schritt

Ich bin da
Die Liebe ist da
Die Engel sind da
Gott ist da
Das ganze Universum ist da
Wir warten schon so lange auf dich
JETZT!

# Kartenhaus

Unsere Seelen kennen sich seit langem
Unsere Herzen kennen sich sehr gut
Unser Verstand will gar nicht erst anfangen
Darüber nachzudenken, was sich mit uns tut

Unsere Seelen sind miteinander verschmolzen
Wir konnten nichts dagegen tun
Unsere Herzen würden wir gern abholzen
Im Kampf um Gefühle und Vernunft

Unser Verstand lässt erst gar nichts geschehen
Aus Angst vor Kontrollverlust
Er will diese Liebe nicht sehen
Mag lieber Verdruss statt Genuss

Wer wird dieses Match gewinnen?
Die Seele, die genau weiß, was ist?
Das Herz, das vor Liebe will zerrinnen?
Der Verstand, der alles sieht als List?

Ich wünsche mir, dass wir erkennen
Was der Himmel uns hier beschert
Und es dann beim Namen nennen
Und nicht benutzen ein Schwert

Das Wort Liebe kommt uns nicht über die Lippen
Wir wagen es beide nicht
Wir trauen uns nur zu nippen
Manchmal, wenn es sich so ergibt

Doch ich will es jetzt endlich wagen
Will, dass unser Kartenhaus zerbricht
Ich muss es dir endlich sagen
Denn mein Körper geht mit mir ins Gericht

Er will sich endlich an Deinem laben
Weil du seine andere Hälfte bist
Würde lieber etwas bereuen, was wir genossen haben
Als zu bereuen, dass nie etwas gewesen ist

# Kinder

Spürst du wie die Engel dich umschwirren?
Spürst du wie sie immer bei dir sind?
Lässt dich von deinem Umfeld verwirren
Die dich behandelt wie ein dummes Kind?

Doch die Kinder sind weiser
Sie wissen viel mehr
Sie werden nicht leiser
Wenn sie sprechen vom Engels-Heer

Kinder sehen die Engel
Tagein und tagaus
Sie lassen sich nicht ein auf Gedrängel
Suchen sich den schönsten Engel aus

Kinder sehen die Engel als ihre Begleiter
Vertrauen ihnen alles an
Genau wissend nur so kommen sie weiter
Und spürend, dass jeder alles kann

Werde leicht wie eine Feder
Werde fröhlich wie ein Kind
Mache dich zum Engels-Jäger
Und finde deinen eigenen geschwind!

# Kuss

Ich streiche über deine Ohrläppchen bei unserem letzten Kuss
Deine Lippen liegen eine Sekunde zu lange auf meinen
Ich fühle dieses Weiche, Samtene noch Tage später
Ist dir bewusst, dass es der längste Kuss zwischen uns war
         – bisher?
Ich möchte mehr davon
Ich möchte deine weichen Lippen überall auf meinem Körper
         spüren
Dieser Kuss von dir erweckte wieder alle meine Fantasien,
      was zwischen uns möglich sein kann

Ist es dir bewusst?
Wolltest du es?
Träumen von deinen Lippen überall auf meinem Körper reicht
         mir nicht mehr
Man sagt, die Vorfreude sei am schönsten
Das sagen nur Menschen, die sich nicht trauen, etwas zu tun
Das sagen Menschen, die Angst vor sich selbst und dem
         Leben haben

Ich will dich in mir, auf mir, unter mir, neben mir – bei mir!
Wir wissen beide, dass unsere erotischen Fantasien miteinander
Nur ein Bruchteil dessen sind, was die Realität uns zu bieten hat.

Dem nächsten Kuss zwischen uns kannst du nicht mehr
         entkommen …
Du weißt es – die Zeit verrinnt – und ich lerne weiter …
Alles über Geduld, Mut, Loslassen, Selbstliebe,
      Verantwortung, bedingungsloser Liebe …
Das Happy End kommt – so oder so

# Last

Ich spüre, wenn es dir nicht gut geht
– Und habe Nackenschmerzen
Ich spüre, wenn du traurig bist
– Und weine die Tränen für dich
Ich spüre, wenn du Angst hast
– Und mein Bauch verkrampft sich
Ich spüre, wenn du Entscheidungen treffen willst
– Und es noch nicht kannst
Doch diese Last kann ich nicht tragen

Spürst du, wie es mir geht?

Ich will nicht mehr dein Lasten-Esel sein
Und auch nicht das dumme Schaf

Ich will dein treuer Hund sein
Ich will dein sprechender Papagei sein
Ich will dein brüllender Löwe sein
Ich will deine friedliche Taube sein
Ich will dein springendes Känguru sein
Ich will dein beschützender Bär sein
Ich will dein magischer Rabe sein
Ich will dein schlafendes Murmeltier sein
Ich will deine zärtliche Katze sein
Ich will dein fröhlicher Schmetterling sein

Ich will deine wärmende Sonne sein
Dein liebevoller Mond
Dein leuchtender Stern
Dein stürmischer Wind

Dein Stein des Anstoßes
Dein Fels in der Brandung

Ich will alles für dich sein
Du kannst alles für mich sein – wenn du es willst

# Laufen

Wir laufen – durchs Leben
Wir laufen – vor der Liebe davon
Wir laufen – um unser Leben
Wir laufen – dem Glück hinterher
Wir laufen – für ein besseres Leben
Wir laufen – gegen viele Mauern
Wir laufen – unter Brücken hindurch
Wir laufen – auf spitze Gipfel
Wir laufen – zwischendurch
Wir laufen – und bleiben nicht stehen
Wir laufen – und kommen nicht an

Doch beim Laufen können wir nicht sehen
Was die Erde uns bieten kann

# Leben

Ich liebe das Leben
Liebst du es auch?
Auch ich wollte schon gehen
Weil es mich schlaucht

Ich hatte nie genug Tabletten
Das war mein Glück
So konnte ich mich retten
Und ins Leben zurück

Du selbst machst die Regeln
Für Glück oder Leid
Bist umgeben von Engeln
Die kennen keinen Neid

Lass dich nicht blenden
Von Missgunst und Hass
Andere können noch nicht erkennen
Was du erschaffen hast

Genieße auch die Trauer
Die in dir steckt
Denn nur so wird auf Dauer
Die Liebe in dir geweckt

Lass das Leben dir bieten
Was es dir zu bieten hat
Dann kannst du mit großen Schritten
Gehen auf einem breiten Pfad

# Lebensfragen

Leben – was ist das?
Will ich leben?
Warum lebe ich?

Ist Leben, ein Ziel zu haben?
Welches Ziel?
Ist Leben, reich zu werden?
Was ist reich?
Leben ist ein reiches Ziel

Ist Leben zu arbeiten?
Was ist Arbeit?
Ist Leben zu sparen?
Womit und wofür?
Leben ist sparsame Arbeit

Ist Leben zu machen, was ich will?
Was will ich?
Ist Leben zu machen, was andere wollen?
Wer sind die Anderen?
Leben ist, alles immer wieder anders zu machen

Ist Leben dankbar zu sein?
Was ist Dankbarkeit?
Ist Leben ernst zu sein?
Wer ist Ernst?
Leben ist ernsthafte Dankbarkeit

Ist Leben sich gehen zu lassen?
Wohin?

Ist Leben Traurigkeit?
Worüber?
Leben ist gegangene Trauer

Ist Leben Freude?
Was ist Freude?
Ist Leben Spaß haben?
Was ist Spaß?
Leben ist Spaß an der Freude

Ist Leben zu lachen?
Worüber?
Ist Leben sich abzusichern?
Was ist sicher?
Leben ist lächerliche Sicherheit

Ist Leben zu lieben?
Was ist Liebe?
Liebe ich das Leben?
Liebt das Leben mich?
Liebe ich mich?
Ist Leben zu genießen?
Was ist Genuss?
Leben ist genossene Liebe
Leben ist liebender Genuss

# Liebe

Ich liebe dich!
Kann an nichts anderes mehr denken
Ich liebe dich!
Alles in mir schreit nach dir
Ich liebe dich!
Will dir das Universum schenken

Ich liebe dich!
Glaubst du mir?
Ich liebe dich!
Was soll ich noch sagen?
Ich liebe dich!
Ich brauche nichts mehr

Ich liebe dich!
Kann die Trennung nicht mehr ertragen
Ich liebe dich!
Warum bist du nicht hier?
Ich liebe dich!
Lass auch den Kopf Ja sagen
Ich liebe dich!
Komm, fliege zu mir

Ich liebe dich!
Mit all deinen Macken
Ich liebe dich!
Genauso wie du bist
Ich liebe dich!
Lass es ruhig sacken
Ich liebe dich!
Ohne Tücke und List

Ich liebe dich!
Was machst du gerade?
Ich liebe dich!
Denkst du auch oft an mich?
Ich liebe dich!
Freu mich so auf die Tage
Ich liebe dich!
Wenn es nur noch heißt
Du und ich …

ICH LIEBE DICH !

# Liebemachen

Wir haben alle Barrieren gegen unsere Liebe überwunden
Jetzt dürfen wir unsere Körper erkunden
Ich möchte jetzt keine Sekunde dich missen
Endlich soll die ganze Welt es wissen

Ich weine vor Glück und heule vor Freude
Und weiß, dass ich keine Zeit mehr vergeude
Auf dich zu warten und zu hoffen
Dass du mir zeigst deine Gefühle ganz offen

Wir können uns lieben Tag und Nacht
Wir geben immer auf uns Acht
Wir fließen nur noch mit dem Strom
Alle Berge und Steine hatten wir ja schon

Ich streiche dir über deine weichen Lippen
Und lass dich an meinen Brüsten nippen
Deine Hände liegen zwischen meinen Beinen
Ich will mich nur noch mit dir vereinen

Unsere Körper bewegen sich auf und nieder
Im Gleichklang – so will ich es immer wieder und wieder
Wir steigen auf in die höchsten Lüfte
Uns umgeben nur die schönsten Düfte

Dann ist es soweit – ich vergesse die Welt
Genauso hatte ich mir die Liebe bestellt
Dies ist kein Sex, Tantra oder irgendwelche Sachen
Dies ist einfach nur »Liebe machen«

# Loch

Dies ist das »Lied zur Guten Nacht«
Gestern noch hab ich darüber gelacht
Wenn Grönis Stimme so erklang
Heut macht er mich traurig, dieser Gesang

Ich kann die Sonne nicht mehr sehen
Hab das Gefühl, nie wird das geschehen
Was ich mir so sehr wünsche
Auch wenn ich es in helle Farben tünche

Wie ein Wasserfall schießen die Tränen mir aus den Augen
Bin dabei mir noch mehr traurige Lieder einzusaugen
Sie helfen nicht, ich weiß es doch
Und ich will nicht tiefer fallen in dieses Loch

Mein Herz hat sich diesen Mann auserkoren
Doch ich fühl mich immer mehr verloren
Ich kann nicht mehr essen und nicht mehr trinken
Will nur noch in diesem Schmerz versinken

Nein! Ich singe viele Liebeslieder
Und schreibe schöne Texte nieder
Sie helfen mir, ich weiß es doch
Heraus zu kommen aus diesem Loch

# Lügen

Die Menschen reden aneinander vorbei
Und es interessiert sie eigentlich die Bohne
Aus ihren Mündern kommt belangloses Einerlei
Manchmal von Bedeutung, doch meist ohne

Jeder zeigt nur seine geliebten Seiten
Keiner zeigt sein wahres Gesicht
Alle lassen sich zum Lügen verleiten
Gehen selten mit sich ins Gericht

Der Bauch zieht sich zusammen
Der Kopf wird ganz dumpf
Sie können keine Freude erlangen
Die Gefühle sind stumpf

Das Herz ging verloren
Der Verstand hat die Macht
Doch wir wurden zum Lieben geboren
Damit unsere Seele wieder lacht

# Missing

Miss you
Can't find the right words
Miss you
Day by day I feel worse
Miss you
I want you being in my life
Miss you
I want to be your wife
Miss you
Every day and every night
Miss you
I feel so tight
Miss you
I don't like to be so sad
Miss you
I wish having you in my bed
Miss you
Don't know what to do
Miss you
And – be sure
… loving you!

# New York City

Ich liebe die Ruhe, das ist mir jetzt klar
Nehme gerade den Lärm um mich herum wahr
Es strengt mich an, durch die Straßen zu strollen
Ohne überhaupt etwas kaufen zu wollen

Die Autos hupen, die Bremsen kreischen
Manchmal kann ich ein Lächeln von einem Passanten erheischen
Niemand hat Zeit, alle rasen und rennen
Ob sie wohl alle ihr Ziel schon kennen?

Bleib ich einmal kurz stehen, um Luft zu schnappen
Kann ich sicher sein, dass sie mir die Absätze kappen
Zum Christmas Shopping in die 5. Avenue
Da kommt man nicht eine Sekunde zur Ruh

Aber morgens um 7 im Central Park
Wenn die Sonne grad aufgeht, das ist stark
Und trotzdem lieb ich die Spannung zwischen laut und leise
Ich kann ja immer wieder wählen, wohin ich verreise

# Paradies

Ich seh das Paradies auf Erden
Siehst du es auch?
Mein Herz ist erfüllt
Ich will für dich sterben

Doch lieber mit dir dieses Leben genießen
Mit allem, was es uns zu bieten hat
Und – du sollst es wissen
Wir sind auf dem richtigen Pfad

Ich hülle dich ein in den Regenbogen
Sehe dich als funkelnden Stern
Hab dich in mir aufgesogen
Ganz gleich, ob du bist nah oder fern

Wir werden uns lieben
Und dann dreht sich die Welt
Wir werden nur noch schweben
Dieses Glück haben wir uns bestellt

Vor vielen tausend Jahren
Sahen wir uns zum ersten Mal
Wir mussten oft verzagen
Immer wieder war unsere Liebe nur Qual

Jetzt sind wir uns wieder begegnet
Jetzt ist alles erlaubt
Es wurde von den Engeln gesegnet
Hast du es geglaubt?

# Planeten

Flugzeuge über mir
Ich habe Sehnsucht nach Ferne

Flugzeuge in mir
Ich habe Sehnsucht nach dir

Will mit dir fliegen doch so gerne
Und mit dir auskosten das Wir
Wir rasen durchs All
Wir fliegen zu den Sternen
Sind schneller als der Schall
Die Sonne wird uns kennen lernen
Auf dem Mond fühlen wir uns wohl überall

Auf der Venus erleben wir die Liebe
Jupiter zeigt uns das Glück
Pluto lässt uns erleben unsere Triebe
Saturn wirft uns immer mal wieder zurück

Merkur hilft uns Worte zu finden
Mars gibt uns Stärke zurück
Neptun lässt Klarheiten verschwinden
Uranus verändert den Blick

Einen Teil eines jeden Planeten
Nehmen wir auf die Erde zurück
Unsere Flugzeuge sind jetzt Raketen
Die uns schießen ins große Glück

# Ready

I'm ready to love you
Now I'm ready for love
You're in my heart
You're in my soul
Oh, I do feel so wonderful

Never before the time was right
Now you can come by my side
I'm so exited, I'm so glad
Never again I do feel bad

I see the sun coming into your heart
And I know it is the beginning, it's time to start
Our two souls are one
That's the spiritual truth
We can change the world
Being able to keep the youth

And my question now is directly to you:
Do you feel the same – too?

# Sahnehäubchen

Willst du mein Sahnehäubchen sein?
Mein Kakao, der sich damit schmückt?

Willst du mein Sahnehäubchen sein?
Mein Tortenstück, das sich mit dir krönt?

Willst du mein Sahnehäubchen sein?
Die Vollendung für alles Schöne?

Willst du mein Sahnehäubchen sein?
Der Höhepunkt meiner verborgenen Lust?

Willst du mein Sahnehäubchen sein?
Ich will dein Sahnehäubchen sein
Denn ich will nicht alles für dich sein
Aber ich bin da
Wenn du dein Leben mit einem Sahnehäubchen krönen willst

# Schreiben

Ich will dir schreiben und weiß nicht weiter
Hab so viele Gedanken, das wird wohl noch heiter
Den Anfang zu finden ist immer die Hürde
Was soll ich schreiben, was wäre wenn und würde
Mein Blick wandert nach draußen, vielleicht ist dort der Beginn
Doch mir kommen jetzt nur noch andere Dinge in den Sinn

Ich merke schon, ich schweife ab
Auch das hat sicher etwas zu bedeuten
Meine Gedanken halten mich auf Trab
Aha – ich hör die Alarmglocken läuten

Ich will dir gar nicht schreiben – das ist mir nun klar
Will lieber mit dir reden, nehm dich direkt dann wahr
Die Mimik deines Gesichts, die Bewegungen deiner Hände
Da blick ich durch, denn sie sprechen Bände
Mein Brief landet vielleicht ungelesen im Müll
Und das ist bestimmt nicht das, was ich will

# Seelenworte

Das Wort gibt allem nur Struktur
Es will uns helfen beim Denken
Wir leben immer nach der Uhr
Wollen keine Zeit verschenken

Doch wird von Innen eine Stimme laut
»du musst dich nicht einschränken«
Dann glaubt man, es ist auf Sand gebaut
Und meint, es ist unsicheres Denken

Die Seele meldet sich zu Wort
Sie hat sehr lang geschlafen
War versteckt an einem geheimen Ort
Doch nun will sie wieder erwachen

Die Seele lässt uns Dinge tun
Von denen wir bisher nichts ahnten
Wir erkannten nicht die Wege zum Ruhm
Obwohl sich Möglichkeiten anbahnten

Jetzt wird die Stimme der Seele ganz laut
Noch muss auch sie Worte verwenden
Tief drinnen sich jedoch ein Fühlen anbraut
Und man muss keine Worte verschwenden

Die Seele zeigt dir Ja, ICH BIN
Jetzt darfst du sein wie du bist
Und endlich kannst du erkennen den Sinn
Was wirklich Leben ist

# Sehnsucht

Die Sehnsucht nach dir ist wieder da ...
Sie war doch in den letzten Monaten verschwunden
Oder war sie nur verdrängt?
Ich nehme sie an – diese Sehnsucht
Ich fahre zu dir
Ich sehe dein Bild auf meinem Computer
Es ist schön, aber es hat mich nicht berührt in den letzten Monaten
Jetzt spüre ich wieder die tiefe Sehnsucht meines Herzens
                          und meiner Seele nach dir

Ich suche nach Flügen zu dir und finde den passenden sofort
Die Unterstützung vom Universum ist also auch da ...
Warum buche ich dann nicht?

Weil du einen Mitbewerber hast ...
Weil ich auf seine Entscheidung für mich von ihm warte ...
Weil ich ... ich weiß es nicht ...

Die Unfähigkeit eines Anderen, eine Entscheidung zu treffen
Hindert mich das zu tun, was mein Herz und meine Seele
                          mir sagen?

Nein – ich fahre, ich fliege zu dir!

JETZT – in 2 Wochen – in 6 Wochen ...

# Singen

Singe, Seele, singe

Ja, es kommt aus meiner Kehle
Himmelhochjauchzender Gesang
Alle Töne wollen sich ergießen
Und von Innen nach Außen fließen

Das Klavier begleitet mich
Durch meine musikalische Reise ins Ich
Alles, was versteckt war, drängt hervor
Endlich habe auch ich für meinen Gesang ein offenes Ohr

Ich singe Pop, singe Blues, singe Lieder
Doch ich finde mich nur bei Arie Antiche wirklich wieder
Hier klingt mein Herz, die Stimmbänder vibrieren
Will mich nur noch in diesem Gesang verlieren

Ich danke dir, Seele, dass du mir gabst das Zeichen
Meine Mitte auch durch das Singen zu erreichen

# Sonnengrinsen

Die Sonne scheint in mein Gesicht
So sehr, dass ich nicht sehe dich
Die Strahlen wärmen mich so sehr
Dass mir so heiß wird wie am Meer

Die Sehnsucht treibt mich an den Strand
Die Füße in dem heißen Sand
So lauf ich dir entgegen
Und bin dir schon erlegen

Wir stürzen aufeinander zu
Wir fallen in den Sand
Wir wälzen uns darin im Nu
Und werden schon ganz krank
Die Sonne schaut uns grinsend zu
Als ich in dir versank

# Spielchen

Ich hab genug von diesen Spielchen
Die sich doch nur noch drehn um Macht:
»Wenn du nicht willst, wie ich es möchte,
dann lass ich dich weiterhin außer Acht«

Der Mann, der hätte gern das Weibchen
Das meistens seiner Meinung ist
Doch tragen wir nicht mehr diese Leibchen
Und haben nicht mehr nötig diese List

Wir wollen sagen, was wir denken
Nicht mehr wartend sitzen am Telefon
Wünschen, dass sie uns ihre Aufmerksamkeit schenken
Und runterkommen von ihrem Thron

Doch leider sind auch wir Frauen feige
Und lassen uns auf Spielchen ein
Auch ich ertappe mich, dass ich schweige
Obwohl meine Stimme laut will sein

Wir müssen lernen zu kommunizieren
Der Mann genauso wie die Frau
Dann kann es nicht mehr so leicht passieren
Dass die Farbe der Beziehung oft ist grau

# Stolz

Bin ich stolz?
Wenn ich ihn nicht anrufe?
Bin ich stolz?
Wenn ich nicht frage, was er wirklich fühlt?
Bin ich stolz?
Wenn ich nicht sage, was ich wirklich fühle?
Bin ich stolz?
Wenn ich alles so laufen lasse?
Bin ich stolz?
Wenn ich sage, du bist dran?
Bin ich stolz?
Wenn ich seine Trägheit entschuldige?

Nein, ich bin feige
Mir fehlt der Mut
Mir fehlt die Selbstliebe
Mir fehlt das Vertrauen
Mit fehlt die Sicherheit

Mir fehlt – der Stolz

# Tod

Der Tod kommt immer auf leisen Sohlen
Man spürt ihn einfach nicht
Er will dich in die Ewigkeit holen
Dort ist das Jüngste Gericht

Der Tod – wer ist das?
Will ich fragen
Der Tod? Den gibt es nicht
Der Tod, das kann ich sagen
Er will dich führen ins Licht

Der Tod ist ein Gedanke
Der durch den Kopf dir kreist
Schlägt hohe Wellen an die Planke
Doch ist es Illusion zumeist

Der Tod – und dann?
Was siehst du da?
Fragst du dich oft, wo, wie und wann?
Hast Angst oder findest es wunderbar?

Der Tod kommt immer wieder und wieder
Er hängt an dir wie ein schwerer Stein
Wild um dich schlagend reißt du ihn nieder
Doch er ist unsterblich wie dein ganzes Sein

Der Tod – »Der Kleine Tod«
Er hebt dich in die höchsten Lüfte
Lässt dich schweben und Sterne sehen
Den wünschst du dir wegen der 1000 Düfte
Die von dir und deiner Liebe ausgehen

Der Tod – er transformiert deine Seele
Der Tod – er transformiert dein Herz
Die Angst lässt dich 1000 Tode sterben
Doch der Tod bereitet keinen Schmerz

Er ist ein Schlafen und ein Wachen
Er ist ein Kommen und ein Gehen
Du möchtest manchmal über ihn lachen?
Er wird es sicherlich verstehen

# Traum

Im Traum gehe ich auf eine große Reise
Und komme auch nie mehr zurück
Die Engel schicken mich ganz leise
Zu meinem ganz persönlichen Glück

Im Traum kann alles passieren
Auch zeigt sich die Angst und die Scheu
Der Verstand kann uns dort nicht regieren
Im Traum bleiben wir uns treu

Im Traum können wir fliegen und fallen
Können laufen und bleiben auch stehen
Werden von großen Tieren angefallen
Können kämpfen oder auch weiter gehen

Im Leben sind die großen Tiere
Die Menschen, die man nicht mag
Sie zeigen die Hörner wie Stiere
Und holen aus zum großen Schlag

Wenn wir es schaffen uns zu wehren
Wenn wir ihnen zeigen unseren Mut
Dann können wir sie lehren
Dass nur Liebe tut richtig gut

# Treiben

Ich lasse mich treiben
Ich werde getrieben
Ich treibe

Meine Gedanken treiben davon
Sie kreisen um alles und um nichts
Um mich herum Menschen, denen ich nichts zu sagen habe
Und sie mir nicht
Wir sitzen alle in einem Bus
Ich höre Wortfetzen, die ich nicht hören will

Warum fahren Menschen in einen anderen Kontinent?
Brauchen sie ein neues Ziel für ihre Kritiksucht?
Wenn sie doch Angst haben vor der Andersartigkeit?
Wollen sie die Bestätigung »zu Hause ist es doch am Schönsten«?

Wenn sie sich nicht erheben über das, was sie sehen
Schweigen sie
Sie schweigen sich an
Sie schweigen sich aus

Meine Gedanken fliegen so schnell wie der Bus die
                                    Landschaft streift
Ich bin gern allein unter allen Mitreisenden
Ich bin gern allein – mit mir und meinen Gedanken
Ich mag diese Andersartigkeit
Ich will lernen daraus
Will es genießen – und mich treiben lassen

# Unworte

Unverbindlich in der Verbindlichkeit
Ungläubig im Glauben
Unsicher in der Sicherheit

Unabhängig in der Abhängigkeit
Unerfahren in der Erfahrung
Unpraktisch in der Praxis

Unbekannt in der Bekanntheit
Unerkannt in der Erkennung
Ungewöhnlich in der Gewohnheit

Unhaltbar im Halt
Unzufrieden in der Zufriedenheit
Unpünktlich in der Pünktlichkeit

Ungeduldig in der Geduld
Unemotional in der Emotionalität
Unvollkommen in der Vollkommenheit

Unentdeckt in der Entdeckung
Unfrei in der Freiheit
Unachtsam in der Achtsamkeit

Unvollständig in der Vollständigkeit
Unverletzlich in der Verletzung
Undeutlich in der Deutlichkeit

Unbeweglich in der Bewegung
Unerwünscht im Wunsch
Unordentlich in der Ordnung

Unbestimmt in der Bestimmung
Unruhig in der Ruhe
Ungelegen in der Gelegenheit

Unklar in der Klarheit
Unkompliziert in der Komplexität
Unterdrückt im Druck
Unwissend in der Weisheit

Unsinn im Sinn

Unworte

Un … möglich?

# Verschwommen

Mein Blick geht aus dem Fenster
Der Himmel weint
Alles grau und trist
Auch ich weine
Mein Herz weint
Meine Seele weint

Meine Augen schwimmen im Tränenmeer
Alles verschwommen um mich herum
Ich kann nicht mehr klar sehen

Nichts ist klar
Alles ist unklar

Durch den Schleier meiner Tränen
Erkenne ich dich nur schemenhaft
Verwässerte Umrisse
Vernebelte Konturen
Du bist mir schleierhaft

Will dich klar sehen
Will mich klar sehen

Mein Blick geht aus dem Fenster
Der Himmel lacht
Die Sonne wärmt mein Herz
Weiße Wolken malen ein Himmelsbild
Ich bin ein Schmetterling

In fröhlichen Farben
Der SEINEN Schmetterling klar sieht
– und das bist nicht Du

# Vollendung

Die vollkommene Vollendung –
Ist es das Ende?
Die unvollendete Vollkommenheit –
Vollkommen im Wachstum?
Gott schuf die Erde in 7 Tagen –
Ist sie vollkommen oder vollendet?
Politik, Religion, Wissenschaft, Kultur –
Vollkommen unvollendet
Der Mensch – vollkommen vollendet
Er weiß es nur nicht

Vollendetes ist nicht vollkommen
Vollkommenes ist nicht vollendet
Vollendetes verkommt
Zerstörung des Vollkommenen
Unmöglich zu vollenden?
Vollkommenes wird vollendet

Ist dieses Gedicht jetzt vollkommen vollendet?

Es ist vollkommen unvollendet
Es ist vollendet unvollkommen

# Waiting

No mail, no call
What happened at all?
I know it, but I am not able to do anything
Sitting in my chair – waiting
Watching TV – waiting
Reading magazines – waiting
Listening to the radio – waiting

I can't help you in your own awakening
I have to wait
But that doesn't mean waiting
It just means – releasing from expectations
It just means – allowing you going forward in your own time

Thinking of you every second of the day
Dreaming of you every second of the night
Waiting for you to be in my life

I don't wait anymore
I do my own things I love to

– writing poems for you …

# Waiting II

Waiting for the bus
Waiting for dreams come true
Waiting for sunshine or rain
Waiting for a letter of a friend
Waiting for a cute person to look at you
Waiting for your lover to get his divorse
Waiting for midnight at New Year's Eve
Waiting for pain to pass
Waiting for sleep
Waiting for a moment to do nothing
Waiting for a diagnosis
Waiting for a phone ring from a person you love
Waiting for miracles
Waiting for changing the world
Waiting for the Messiah
Waiting for life to live
Waiting for …

Waiting in the waiting room …

Humans are always waiting
Small waiting
Big waiting
Waiting to stop waiting
Waiting to live in the Now

Then life is gone – there it went

Life is now and here

# We

I feel the gravity between us
Our consciousness changed
We know the meaning of each other
I enjoy being with you – and I enjoy myself without you
Feeling your energy always within me
Feeling your energy surrounding me every second
Even you are miles away from me

We stay happy and powerful
While mastering all of our experiences
There is a tremendous amount of energy within us
I will find out all of our potentials
We are on our own way to fulfill our passion
We both together – we are unbeatable
The base of all is our love – our unconditional love

1000 moments of bliss

# Welten

Ich lebe nicht mehr zwischen den Welten
Bin da, wo nur noch meine Regeln gelten
Jetzt ist es die Neue Welt und nicht mehr die Alte
Die mir vorschreiben wollte, wie ich mich verhalte

Die Alte Welt gehört in die Vergangenheit
Sie ist beendet – diese Lebenszeit
Es lohnt sich, das Alte gehen zu lassen
Ohne alles Negative immer noch zu hassen

Die Alte Welt hat Angst voran zu gehen
Doch Veränderungen können so nicht geschehen
Alles bleibt »beim Alten«, wie es immer schon war
Es ist so bequem, alles scheint so klar

Was gebe ich auf, wenn ich mich in die Veränderung begebe?
Wenn ich meinen Fokus in eine andere Richtung verlege?
Die vermeintliche Sicherheit einmal überdenke?
Und meinen wirklichen Wünsche die Aufmerksamkeit schenke?

Ich gebe etwas auf, was nicht mehr zu mir gehört
Was ich eigentlich als Last empfinde und was mich stört
Wenn ich mich wehre gegen Veränderungen
Zeigen Leber, Nieren und auch die Lungen
Dass alles verstopft ist und nicht mehr fließt
Und die Angst einem in die Knochen schießt

Dann wird es Zeit, sich auf den Weg zu machen
Die Tränen versiegen, es beginnt das Lachen
Die Neue Welt breitet ihre Arme schon aus
Jeder wird begrüßt mit einem strahlenden
»Willkommen zu Haus«

# Werbung

Sag mir – ich muss es wissen …«

Oh, ich finde die TV-Werbung so beschissen
Es läuft eine Sendung mit interessanten Themen
Und dann muss ich mich für diese Werbung schämen

Die Sendung geht weiter so 15 Minuten
Die nächste Unterbrechung naht schon mit nicht viel Gutem

Sie zeigen dir Autos, Pudding, Shampoo und Schokolade
Auch Waschpulver und Fertiggerichte seh ich gerade
Sie zeigen dir Slipeinlagen, damit Frauen nicht versagen
Ich will doch den Film sehen oder auch die Reportage
Doch es ist wie eine Fotomontage
Keine klare Linie, Unterbrechungen immer wieder
Das macht dann den ganzen Liebesfilm nieder
Auch der Krimi verliert doch so an Spannung
Wenn der Schuss fast fällt und dann kommt

… WERBUNG!

# Wollen

Ich will nicht mehr nur an dich denken
Ich halt es nicht mehr aus
Ich will meinen Körper dir schenken
Mache der Sehnsucht den Garaus

Deine Hände sollen mich berühren
Überall – auf jedem Zipfel meiner Haut
Deine Zunge meine Sinne verführen
Wenn nur der Mond zuschaut

Ich will die Leidenschaft mit dir teilen
Die Romantik, die Spannung, die Lust
Mit dir den Gipfel ereilen
Wie ich es vorher noch nie gewusst

Komm, wirf dich in meine Kissen
Lass alle Einwände los
Wir werden uns so lange küssen
Bis du kommst in meinem Schoß

Du sagtest, wir würden es bereuen
Doch du weißt doch noch nicht, wie es ist
Würde lieber Genossenes bereuen
Als zu bereuen, dass nie etwas gewesen ist

# Wünsche

Ich will dich in meinem Leben
Will dir alles geben
Was du so vermisst
Damit du für immer vergisst
Deine Wünsche zu unterdrücken
Sie mit Kompromissen zu überbrücken

Ich will dich in meinem Leben
Für immer und ewig dich umhegen
Deine Wünsche erkennen und sie dir erfüllen
Dich immer in ein Zauber-Liebestuch hüllen
Deinen Schlaf und deine Träume überwachen
Und mit dir über alles lachen

Ich will dich in meinem Leben
Mit dir durchs Universum schweben
Will dein Engel sein hier auf Erden
Mache ein Ganzes aus allen Scherben
Halt dich von allen Sorgen fern
Hol dir vom Himmel jeden Stern

Ich will dich in meinem Leben
Will mit dir vor Lust erbeben
Unsere Körper sollen sich verschlingen
Die Töne des höchsten Glücks erklingen
Wir werden die Liebe neu erfinden
Wenn wir uns in den Kissen winden

# You

S top giving, start receiving
That's what 's all about

Stop giving  – to others
Start giving  – to yourself

You are the most important person in your life
In the first place you have to support  – you

Then start receiving – from yourself
Enjoy what your life is giving to you
You can own it just for yourself

At least you are in balance – with yourself
Now you can start giving  – to others
But never forget receiving – from others

The balance matters
Stop giving, start receiving!

# Zeit

W as ist Zeit?

Zeit ist eine lineare Angelegenheit
Zeit haben wir Menschen uns kreiert

Zeit lässt uns planen
Zeit lässt uns warten
Zeit lässt uns keine Zeit haben
Zeit lässt uns Zeit haben
Zeit lässt uns trauern
Zeit lässt uns resignieren
Zeit lässt uns zittern
Zeit lässt uns hoffen
Zeit lässt uns träumen
Zeit lässt uns reisen
Zeit schränkt uns ein
Zeit............. gibt es nicht

Als ich dich vor 6 Jahren zum ersten Mal traf
Und mein Herz Luftsprünge machte
Weil ich dich wieder gefunden hatte
Wusste meine Seele, dass unsere Zeit noch nicht gekommen war

Als ich deine Angst vor uns spürte
Und ich zu dir sagte: »Ich habe Zeit«
Wusste ich nicht, was für einen Zeitraum meine Seele meinte

Als eine Kartenlegerin zu mir sagte:
»Er muss seine Schularbeiten machen
Dann seid ihr das glücklichste Paar dieser Erde!«

Wusste ich nicht, was für einen Zeitraum deine Seele meinte

Wenn ich es gewusst hätte? Hätte ich dich aufgegeben?
Uns aufgegeben? Ich weiß es nicht

Jetzt weiß ich viel mehr über die Zeit
Jetzt freue ich mich über die Zeit, die ohne dich war

Jetzt weiß ich
Dass die Zeit ohne dich für m i c h wichtig war
Jetzt weiß ich
Dass die Zeit ohne mich für d i c h wichtig war
Jetzt weiß ich
Dass wir getrennt voneinander
Genau diese Erfahrungen machen sollten
Jetzt weiß ich
Dass wir Platzhalter brauchten, um uns wirklich zu erkennen
Jetzt weiß ich
Dass wir beide die Zeit brauchten,
Um uns vorzubereiten
Auf diese bedingungslose Liebe
Jetzt weiß ich, dass diese Liebe keine Zeit kennt
Jetzt weiß ich
Dass wir noch genug Zeit miteinander haben werden

Jetzt genieße ich die Zeit mit dir – mehr?

Jetzt haben wir diese Zeitreise beendet
– es gab sie gar nicht

Wir haben sie nur gewählt,
Um die Erfahrung von Zeit zu machen

# Zerrissen

Ich schwanke zwischen Ärger und Wut
Ich schwanke zwischen böse und gut
Ich schwanke zwischen Liebe und Hass
Ich schwanke zwischen – ich weiß nicht was

Ich denke nach und grübel
Und nehm dir alles übel
Was du *nicht* machst
Was ich doch möchte
Und weiß, dass meine Erwartungen es sind
Die mich sein lassen wie ein bockiges Kind

Aber ich bin wieder in dieser Schleife
Sie fühlt sich an wie glitschige Seife
Keine Kanten, keine Ränder
Nur endlos dehnbare Bänder

Auch der Druck ist wieder im Nacken
Ich will mich nicht mehr belasten mit deinen Macken
Und komm doch nicht raus
Aus diesem Gefühls-Chaos

# Zurück

Ich will nicht zurück

Zurück – wohin?
Zurück – rückwärts
Zurück – das Gegenteil von Vorwärts
Zurück – mehr als Stillstand

Zurück in die Vergangenheit?
Zurück zu Gewohntem?
Zurück zum Ausweichen?
Zurück in den Dämmerschlaf?

Zurückschlagen
Zurückbleiben
Zurückgeblieben
Zurücksetzen
Zurücklaufen
Zurückschrecken
Zurückweisen
Zurückhalten
Zurückziehen
Zurücktreten
Zurücklegen

Leergut zurück
Zum Absender zurück
Zu-recht-rücken

Ich will zurück
Zurückkehren – zu mir

Zurücklehnen
Zurückgewinnen
Zurückgeben
Zurückbekommen

# Zweifel

Was hält dich davon ab, deinen Träumen zu folgen?

Zweifel sind stärker als der Mut, etwas anders zu machen

Doch es sind nicht die eigenen Zweifel
Es sind die Zweifel der Zweifler
Derjenigen, die nichts ändern wollen
Derjenigen, die sich eingerichtet haben in ihrer Komfortzone
Derjenigen, die nicht wollen,
Dass andere das machen, was auch sie gern tun würden

Sie zweifeln an deinen Ideen und zeigen es dir
Jetzt beginnst du zu zweifeln
Es war doch alles klar!
Zweifel erzeugen Unsicherheit und Mutlosigkeit
Zweifel verhindern Fortschritt und Freiheit

Die Zweifler lassen dich wieder an dir selbst zweifeln

Ist es zum Verzweifeln?
Nein, verzweifle nicht an den Zweiflern
Folge DEINEN Träumen!